Anonymous

Der Dorfbalbier

Eine komische Oper, in zwei Aufzügen

Anonymous

Der Dorfbalbier
Eine komische Oper, in zwei Aufzügen

ISBN/EAN: 9783743699854

Hergestellt in Europa, USA, Kanada, Australien, Japan

Cover: Foto ©Thomas Meinert / pixelio.de

Weitere Bücher finden Sie auf **www.hansebooks.com**

Der Dorfbalbier.

Eine komische Oper,

in zwey Aufzügen.

Leipzig,
in der Dyckischen Buchhandlung,
1772.

Diese kleine komische Oper war einer von den ersten Versuchen des Verfassers in dieser Gattung. Eine Bedürfniß auf dem Kochischen Theater an Etwas Neuem, zu einer Zeit, wo man dergleichen zu haben wünschte, hat sie erst vor Kurzem dem Staube entrissen, worinnen sie seit vielen Jahren gelegen und immerdar hätte liegen sollen. Herr Hiller, dieser vortreffliche Tonkünstler, beschenkte die kleinen Lieder, so wie die übrigen komischen Opern, mit einer artigen Musik, die ebenfalls im Drucke erscheinen wird. Der Verfasser sieht nach diesen Umständen vorher, daß sie mit den vorhergehenden Stücken dieses zweyten Bandes ein gleiches Schicksal haben würde: man würde bald auf andern Theatern zu der Musik Text machen, den er noch weniger, als den gegenwärtigen auf seine Rechnung möchte geschrieben wissen. Sie mag also bey jenen beyden, den verwandelten Weibern und lustigem Schuster eine Stelle einnehmen, da sich durch die neue Auflage derselben, ihr eine schickliche anbietet, und dieser Band ohnedieß schwächer war, als die übrigen. Billige Richter werden es für das halten, was es seyn soll.

Personen.

Barthel, ein Dorfbalbier.

Susanne, dessen Frau.

Ruthe, ein Dorfschulmeister.

Marie, dessen Frau.

Ein Dorfschulze.

Die Schöppen.

Der Gerichtsfrohn.

Peter, ein Bauer.

Rabe, der Schenkwirth.

Jäckel, ein neuer Ehemann.

Gretchen, dessen junge Frau.

Windhund, ein Jäger.

Nadel, ein Dorfschneider.

Nadelinn, dessen Frau.

Sporn, ein Reuter.

Märten, der Hausknecht.

Das Theater stellt eine Miethe des Balbiers in des Schulmeisters Wohnung vor.

Das Stück ist eine Nachahmung des Blaise le Savetier von Mr. Sedaine.

Erster Aufzug.

Das Theater stellt eine Balbierstube auf dem Dorfe vor: in dem Winkel steht ein alter Schrank mit Gittern und gedoppelten Thüren, woran ein alter Vorhang ist.

Erster Auftritt.

Susanne (alleine, sitzt und strickt; sie sieht sich nach der Kammerthüre um.)

Dem Himmel sey Dank! endlich wirds doch in unserer Kammer lebendig. — Die Sonne wird ihm wohl auf dem Nischel gebrannt haben, daß er nicht vollends den Mittag im Bette abgewartet hat. —

Der Dorfbalbier.

Ja das ist eine Noth mit den Männern! So lange man ledig ist; so möchte man für Ungeduld vergehen, wenn nicht gleich einer da ist ——

Gretchen in dem Flügelkleide
Fühlet schon die größte Freude,
Wenn sie Hännschen küssen kann;
Und schon denkt sie: wie weit besser,
Wär ich groß und Hännschen größer;
Je so würd' er gar mein Mann.

Kaum fängt sich ihr Reiz zu heben,
Ihre Brust sich zu beleben
Und ihr Haar zu schwärzen, an:
Schnell sucht sie sich auszuschmücken,
Ueber sich in Mien' und Blicken
Und was will sie? einen Mann.

Sie wird krank! nicht Schmuck und Kleider,
Nicht Freiſter, Goldſchmidt, Schneider
Sind mehr, was sie heilen kann;

Sie

Sie verseufzet Tag und Nächte
Ist denn nichts, was helfen möchte?
O ja wohl! ein Mann, ein Mann!
Gebt ihr nur einen, es wird lange werden:
da geht erst die Noth recht an und doch ‥

Zweyter Auftritt.
Barthel und Susanne.

Susanne.

Nu? hast Du endlich den Rausch ausgeschlafen?

Barthel (gähnend und sich die Augen wischend.)

Heh! welche Zeit ists denn?

Susanne.

Fünf Stunden sinds, seit schon der Hahn
 gekräht;
Vier Stunden seit ich schon genäht;
Drey Stunden seit der Hirt'
Das Vieh aufs Feld geführet,
Zwo Stunden, seit schon unser Wirth
Herr Ruthe buchstabieret.

Barthel.

Mache mir den Kopf nicht mit Rechnungen warm! Es wird also wohl um zehn seyn: (Er zählet nach den Fingern ab.) zehne, neune, neune, neune achte, achte sieben, sieben sechse, sechse fünfe ...

Susanne.

Freylich, Du fauler Teufel! um zehn Uhr ists: Du wirst wohl noch alle Kunden verlieren! — Wem hast Du heute den Bart zu scheren gehabt, der auf Dich vergebens warten müssen?

Barthel.

Laß' ihn warten, es ist nicht alle Tage Hochzeit. Wie müßten die Leute thun, wenn sie noch Bärte, wie die Juden, trügen: sie mögen sich einmal sengen lassen ——

Susanne.

Nun wird schon wieder gesucht? — was suchst Du? Bar-

Barthel.

Nichts, nichts ——

Susanne.

Nichts? das kannst Du leider! überall finden: denn Du hast es so weit gebracht, daß wir weniger als nichts mehr haben.

Barthel.

Meine Perücke ——

Susanne.

Die Perücke? —— hast Du schon vergessen, daß Du sie heute Nacht zur Schlafmütze gebraucht hast?

Barthel.

So? da wird sie wohl hinterm Bette liegen —— Und meinen Hut ——

Susanne.

Ja, Dein Hut, der sieht schön aus! alle Krempen sind herunter gerissen.

Barthel.

So? — Ja ich besinne mich: die Sonne schien mir gestern so sehr ins Gesichte —

Susanne.

Die Nacht um Eins? Der Branntewein wird wohl deine Sonne gewesen seyn ——

Barthel.

Und mein Mantel? ——

Susanne.

Den habe ich auf dem Hofe gefunden: der sieht und riecht lieblich.

Barthel.

Narr! ein Balbier, der sein Handwerk versteht, kann nicht immer nach Bisam riechen. — Du hast ihn doch ausgewaschen?

Susanne.

Das fehlte mir noch! Du kannst ihn ausreiben: er hängt vorm Fenster, daß er trocken wird.

Barthel.

Nu; so schaffe meine Garderobe zusammen!

Susanne.

So willst Du schon wieder fort?

Barthel.

Nein, ich will bloß ...

Susanne.

Was willst Du bloß? wenn nun jemand kömmt und sich den Bart will putzen lassen?

Barthel.

So sprich nur: er soll morgen wieder kommen. — Habe ich doch auch warten müssen, bis ihm der Bart gewachsen ist: er kann nun warten, bis ich ihn herunter hole.

Susanne.

Er wird schon warten, bis er nicht mehr warten kann. Also wird wieder ausgegangen?

Barthel.

Narr! ich gehe nicht aus, um auszugehen: sondern ——

In der Schenke wartet Velten:
Denke nur, wie wird der schelten! ——
„Morgen, sagt' ich, morgen früh
Komm' ich,, und ich lüge nie.
Gestern war ich dort zum Schmauße:
Heut' ist nun die Reih' an mir;
Wagt' ich's nun und blieb' zu Haußse,
So hätt' ich den Lärmen hier.

Susanne.

So, also hast Du gestern mit Velten gesoffen und heute soll er mit Dir saufen?

Barthel.

Das ist in seiner Ordnung. Wärst Du gestern mit zu Veltens Hochzeit gegangen, so hättest Du auch mit getrunken. Es hat mich bloß die Musikanten gekostet und weiter nicht einen Heller.

Susan=

Susanne.

Auch heute nichts?

Barthel.

Und heute will ich bloß mit in der Schenke rechnen helfen. Ich vermuthe, daß noch etwas übrig geblieben ist, und die dummen Leute können sich nicht recht mit rechnen behelfen.

Susanne.

Ja; sie werden einen solchen Rechenmeister brauchen, der an Fingern abzählen muß, wie lange er in Tag hinein schläft.

Barthel.

Narr, das ist eine ganz andre Rechnung. Wo man nach Krügen und Gläsern zählt, braucht man der Finger nicht. —— Aber es kömmt noch eine andre Ursache dazu, die mich hinruft.

Susanne.

Susanne.

Ja, sie wird so triftig seyn, als dein Rechnungsamt.

Barthel.

Ich habe mir gestern den Magen ein bischen verderbet: ich muß ihn also heute wieder curiren. ——

Susanne.

Und ihn Dir heute wieder verderben, damit Du morgen wieder was zu curiren hast? und das wird so fortgehen, bis ich und Du nichts mehr haben werden, ihn zu verderben.

Duett.

Susanne.

Ich armes, ich geplagtes Thier!

Barthel.

Du bist ein Narr! was fehlet dir?

Susanne.
Mir? mir; was mir?
Sind wir nicht allen Menschen schuldig?
Barthel.
Ertrage doch dein Kreuz geduldig!
Wer kann dafür? Wer kann dafür?
Susanne.
Du! du! wer könnte sonst dafür? ---
Schuldig! ach an allen Ecken
Schuster, Fleischer, Schneider, Becken ---
Barthel.
Geh einmal in's Wirthshaus hin,
Frag', ob ich da schuldig bin?
Susanne.
Unser Wirth hat uns verklagt.
Barthel.
Ja, man hat mir's auch gesagt.
Susanne.
Heute kömmt man uns zu pfänden
Barthel.
Und darum verlaß ich dich! ---

Susan-

Susanne.
Dich wird man in Schuldthurm senden.
Barthel.
In der Schenke trifft man mich.

(Während dieses Duetts suchet Barthel seine Sachen, zieht sich mit an, schüttelt seine Perücke aus, holt einen alten blauen Mantel zum Fenster herein, bindet seine Halskrause um u. s. w.)

Susanne.
Ja, ausgepfändet sollen wir werden!
Barthel.
Ich werde also wohl thun, wenn ich meine besten Mobilien forttrage.
Susanne.
Mich mögen sie also ausziehen?
Barthel.
Ach Possen! Unser Wirth, der Schulmeister, redt ja so viel von der Liebe des Nächsten:

sten: er wird's gewiß nicht so weit kommen lassen. Endlich, unsre erste Mutter trug auch keine Kontuschen und ich ••• doch hör einmal auf zu knurren ——

Weib! ich bitte dich recht sehr:
Mach' mir nicht das Leben schwer!
Laß uns heut' es noch genießen!
Wenn wir morgen sterben müssen,
Braucht man keiner Möbeln mehr.

Susanne.

Ja ja, es kann uns wiederfahren, daß wir morgen vor Hunger sterben.

Barthel.

Nu lebe wohl! ich bringe Dir ein Stücke Kuchen mit ——

(indem er abgehen will, kömmt der Schulze, die Schöppen und der Gerichtsfrohn.)

Dritter Auftritt.

Barthel, Susanne, der Schulze, die Schöppen und der Gerichtsfrohn.

Der Schulze (setzt die Brille auf und liest ab.)

„Nachdem und dieweil Herr Ruthe, löb-
„licher Schulmeister und Kinderlehrer ...

Barthel (zu seiner Frau.)

Da hast Du den Teufel! hättest Du mich nun gehen lassen ——

Susanne.

So? Du kannst mit genießen, was Du eingebrockt hast. Ach ich arme Frau! ...

Schulze.

„Allhier in Gackelhayde ...

(Barthel will sich fortschleichen, der Gerichtsfrohn erhascht ihn aber beym Mantel an
der Thüre, und stellt sich davor.)

Schulze.

Schulze.

„Ingleichen Leinweber und Innwohner be-
„sagten Dorfs Gackelhaube, Eigenthümer
„dieses Hauses benebst allen Zubehörigen,
„Herr Pompernickel Ruthe vor den löblichen
„Gerichten besagten Dorfs Gackelhaube —
„klagend angebracht . . .

(Barthel droht dem Gerichtsfrohn mit einem Scheermesser, dieser schmeißt ihn aber mit dem Stock auf die Finger, daß er es fallen läßt.)

Barthel (in dem Tone des Schulzen.)
Nun?

Susanne.

Hab' ich Dir's nicht gesagt? —

Barthel.

Frau! hast Du nicht mehr Respekt vor der Obrigkeit?

Schulze (liest immer fort.)

„Was maßen gegenwärtiger Barthel Du-
„delsack, Barbier und Innwohner allhier
„seit drey Jahren seinen Mieth- und Haus-
„zinß, jährlich 6 Gülden 5 gr. 6 pf. Facit 18
„Gülden 16 gr. 6 pf. besage des Miethcon-
„trakts, alles gethanen Erinnerns ungeach-
„tet nicht entrichtet . . .

(Barthel stampft auf die Erde und kratzt sich
im Kopfe.)

Susanne.

Nun, bist Du zufrieden?

Barthel.

Fürm Henker! was zufrieden, Herr Gevatter Schulze! Velten Hopfstange, Bauer und Anspanner in Gackelhayde — (man muß, merke ich, allen Leuten itzt ihre gehörigen Titel geben) — Velten Hopfstange wartet in der Schenke auf mich . .

Schul-

Schulze (redet immer fort.)

„Auch zu verschiedenen malen vor den löb-
„lichen Gerichten, wiewohl vergeblich zu be-
„zahlen versprochen und angelobet: —

Barthel (spottet ihm nach.)

Versprochen und angelobet — nicht zu bezahlen, weil er nicht zu bezahlen hat —

Susanne.

Mann! bist Du verrückt?

Schulze.

„Als haben die löblichen Gerichte wohl-
„meynend beschlossen . . .

Barthel (immer in dem spottenden Tone.)

Eine herzbrechend gute Meynung, die ich den löblichen Gerichten mit dem Henker danke —

Schulze.

„Ein gerichtliches Inventarius aller seiner
„Mobilia und Immobilia aufzeichnen zu lassen.

Bar-

Barthel.

Für'n Teufel! warum habe ich denn nicht lieber zuvor das Haus angesteckt und mein Unvermögen zu bezahlen vorgeschützt? Womit soll ich denn die Spitzbuben von meinen Herrn Collegen im Dorfe balbieren, wenn sie mir alles wegnehmen wollen —— (auf die Seite) ich will auch den Schulzen das nächstemal das Fell von der Gusche abkratzen.

Schulze.

„Ihn heraus zu werfen ∙∙∙

Barthel.

Nun Frau? so wird uns wohl der Hirte morgen mit auf die Eichelmast treiben müssen ——

Schulze.

„Und obbesagten Pompernickel Ruthe in
„Besitz zu setzen — Im Falle einer ungeziemen-

„menden und hartnäckigem Verweigerung mit
„14tägiger Gefängniß bey Wasser und Brod
„zu bestrafen: wornach sich Beklagter zu rich-
„ten. Urkundlich Gackelhayde, mit dem Ge-
„richtsherrlichen Siegel besiegelt und eigen-
„händiger Unterschrift der Gerichte zu Ga-
„ckelhayde, im Jahr 17— den 1 April„ —
Schreibt — Schreibt ihr Schöppen —

Barthel.

Sie wollen mich gewiß nur zum Aprils-
narren machen, weil heute der erste ist —
(er spottet ihm nach) Schreibt — schreibt,
Schöppen, schreibt.

Schulze.

„Ein alter bunter Kleiderschrank —
„Im Winkel eine Lehnebank —
Schreibt, schreibt!

Bartel (singt dieß ab.)

Ein alter bunter Kleiderschrank,
Im Winkel eine Lehnebank,
Euch weiß ichs mit dem Henker Dank!

Schulze.

Drey Messer zum Rasiren, ---
Zwo Sprützen zum Clystiren ---

Barthel (singt nach.)

Drey Messer zum Rasiren,
Zwo Sprützen zum Clystiren ---

Schulze.

Zwo alte Schachteln ohne Decken,
Ein alt durchlöchert blechern Becken.

Barthel.

O müßten alle Baderbecken
Und Schachteln euch im Halse stecken = = =

Susanne.

Ach! unser bestes Geräthe geht fort!

Schulze.

Schreibt! schreibt ——

Barthel.

Hätte ich doch nicht geglaubt, daß es bey mir so viel aufzuschreiben gäbe, (mit einem lauten Gelächter) hahahaha, schreibt, schreibt ——

(Er singt:)
Das macht er schlau! der Narr, er lacht!
O wär ich in der Stadt geboren!
Wenn man auch da viel Schulden macht:
So wird ein Rechnungsbuch beschworen:
Die Frau lügt, was sie eingebracht,
Und dieses bleibt ihr unverloren:
Man fängt aufs neu zu handeln an,
Daß man aufs neu betrügen kann.

Barthel.

Hahahaha, Schreibt! schreibt! — Wird meine Frau nicht auch aufgeschrieben? sie gehöret, wie ihr seht, auch unter die Mobilia.

Schreibt, nur schreibt, ihr Herren schreibt:
Wenn mir nichts mehr übrig bleibt
So geh' ich zum Türken und werde Soldat
Patabum, Patabum, Patabum:
Dann komm' ich wieder
Und säble nieder,
Was Händ' und Füße hat:
Patabum, Patabum, Patabum.

Susanne.

Ja, geh nur: sie werden Dir Patabum auf deinem faulen Buckel herum trummeln. Ich wollte daß Du schon dort wärst!

Barthel.

Frau ••• Ach! à propos! Ihr Herrn. —

Susanne.

Sag' mir nur, wie Du bey unserm Elende noch schöckern kannst?

Barthel.

Narr, ich schöckre bloß vor Zorn und Aergerniß, daß ich nicht in die Schenke gehen kann. O daß ich den Kerln nicht die Kehle abschneiden oder ein Clystier mit südenden Wasser in die Augen geben kann!

Schulze.

Schreibt — ein Krug ohne Deckel, eine alte Büchse mit Pomade — dort oben eine alte Lampe — ein Feuerzeug ohne Zubehör —

Vierter Auftritt.

Die Vorigen, Marie.

Marie (mit einem großen Geschrey.)

Ihr gottloses Packt, wollt Ihr bezahlen oder nicht? — Den ganzen Tag lauft Ihr herum, und thut nichts.

> Die Frau fein faul zu Haußte,
> Der Mann in stetem Schmaußte:
> Sie toll, Er voll;
>
> Sie, immer dahlen;
> Er niemals bezahlen,
> Wenn er bezahlen soll;
> Das ist zu toll! das ist zu toll!

ich will Euch lehren! — Hat er aufgeschrieben, Herr Schulze?

Der Schulze (fährt fort.)

Eine alte lederne Barthelmütze ——

Susanne.

Ach! Frau Wirthinn, habe Sie doch Geduld —

Marie.

Marie.

Geduld? ja doch mit einer solchen . . . . ich mag nichts sagen —

Barthel.

Ich wollte eben in die Schenke gehn, Frau Wirthinn, um zu sehen, ob etwas dort zu verdienen wäre ——

Schulze.

Eine verrostete Scheere ——

Marie.

In die Schenke? in die Schenke? — Der Mann säuft in der Schenke und die Frau zu Hauße.

Schulze.

Ein halber Vorhang an einem häselnen Stöckchen am Fenster ——

Barthel.

Ich will auch, wenn Sie einmal einen geschwollenen Backen kriegt, ihr ihn umsonst aufschneiden —

Susan-

Susanne.

Laß' Sie mir nur wenigstens das Meinige!

Marie.

Ey ja doch —— das Meinige! Was habt Ihr denn, Ihr Bettelgesindel? — schreibt, Schulze, dort den alten Rock im Winkel am ersten —— das Spinnrad hier ——

Schulze.

Schreibt! schreibt ——

Barthel.

Frau Ruthe!

Susanne.

Frau Ruthe! —— nur ein Paar Tage Zeit!

Barthel.

Nur ein Paar Stunden! ich will Ihr auch heute noch ein Paar Seifenkugeln machen.

Marie.

Nein, nein, nein, nein:
Ich will sogleich bezahlet seyn.

Bar-

Barthel.

Bedenke Sie Frau Ruthe!

Marie.

Nicht eine Minute, nicht eine Minute!

Barthel.

Es hielt ja sonst nicht bey ihr schwer?

Marie.

Doch jetzt nicht mehr, doch jetzt nicht mehr.

Barthel.

Je nu so laß' Sie's immer seyn ₌₌₌

Marie.

Nein, nein, nein, nein. ――― (zum Schulzen) Seyd Ihr hier fertig? — Nun so kommt auch mit in der Bagage Kammer — (zu Bartheln und dessen Frau) Wartet nur! Mein Mann wird gleich auch da seyn, und Euch zusammen nehmen ――

(Der Schulze geht mit einer Verbeugung gegen Bartheln ab: er giebt jedem noch mit seinem Mantel eins auf den Weg.)

Fünfter

Fünfter Auftritt.
Barthel, Susanne.

Susanne.
Nu Barthel?

Barthel.
Nu Frau?

Susanne.
Wie ist Dir zu Muthe?

Barthel.
Meine Uebelkeiten vermehren sich!

Susanne.
Nu hast Du es doch so weit gebracht, daß wir betteln können, wo wir wollen.

Barthel (ganz traurig.)
Meine ganze Balbierstube läuft um mich her! Ey, ey, ey!

Susanne (singt.)
Ich arme Frau! da siehest du,
Wie weit es nun gekommen?
Was sagtst du meiner Mutter zu,
Als du mich einst genommen!

„Für eure Tochter hab ich Brod, ---
„Bey mir hat sie gewiß nicht Noth!„ ---
Die gute Frau, sie sollte wiederkommen,
Ach, sie ist todt! ach, sie ist todt!

(während dieser Arie scheint Barthel voller Ungeduld in die Schenke zu gehen, und auch voll Furcht vor der Frau zu seyn! Er fängt sich an wieder auszukleiden und zieht sich auch wieder an.)

Barthel.

Es ist wahr, Frau, Du hast Recht! ich bin ein lüderlicher Hund.

Susanne.

Das ist das erstemal, daß Du doch gestehst, daß ich Recht habe. Aber nun? ---

Barthel.

Je nun; nu will ich zu Hause bleiben und meine Messer abziehen!

Susanne.

Es ist Zeit; sie sind so eingerostet, daß ich nicht einen Apfel mehr damit schneiden kann—

. Bar-

Barthel.

Aber Velten in der Schenke ...

Susanne.

Nu, Velten ——

Barthel.

Ich dächte Du giengst und sagtest ihm, daß ich nicht kommen könnte.

Susanne.

Unverzüglich = ..

Barthel (ruft sie zurück.)

Aber Frau! — höre! Ich dächte es wäre besser, ich gieng selber ——

Susanne.

So? um ihm zu sagen, daß Du nicht kommen könntest?

Barthel.

Es ist wahr! das schickt sich nicht. —— Aber — hör' einmal! — Vielleicht könnte ich etwas von ihm geborgt kriegen?

Susanne.

Susanne.

Ja, die Branntweinbrüder sind gar die rechten.

Hast du Geld:
So ist Freund die ganze Welt.
Soll der Bruder mit dir trinken;
O, du darfst nur winken!
Brauchst du Geld,
So flieht dich die ganze Welt.
Soll der Bruder borgen:
Ja, Morgen!

Barthel.

Höre Frau! ich werde vermuthlich melankolisch werden. —

Ich armer Mann
Was fang' ich an?
Noth, wohin ich mich drehe!
Die Hände faul,
Kein Brod ins Maul
Und Schuldner, wen ich sehe. —

Ich dächte, meine Messer wären noch scharf genug, daß wir uns die Kehlen abschnitten.

Susanne.

Au weh! was sagst Du?

Barthel.

Je nu, wenn Du nicht selber Muth genug hast, so darfst Du mir's nur sagen: so mache ich mit Dir einen Versuch.

Susanne.

Ein schöner Rath! Nein, nein, den kannst Du mit Dir machen.

Barthel.

Ich bin gar zu kützlich: ich lachte mich zu Tode, ehe mir's Messer an die Kehle käme. —— Aber, was ist da anzufangen?

Susanne.

Wenn Du's nicht weißt, so weiß ich's auch nicht. Ein verwünschter Streich! aber ich weiß schon, wer ihn uns spielt!

Barthel.

Das weiß ich auch. Kein anderer Mensch als Frau Ruthinn.

Susanne.

Nein, kein ander Mensch als Herr Ruthe.

Barthel.

Nein, sie.

Susanne.

Nein er, sag' ich Dir. — O! Du weißt nicht, daß er mich einmal zur Frau haben wollen, und noch bis diese Stunde kneipt er mich in die Backen, wenn ich durchs Haus gehe.

Barthel.

Und Du weißt nicht, daß sie mich auch gern gehabt hätte, und noch bis diese Stunde heißt sie mich lieber Barthel —

Susanne.

Dich?

Barthel.

Mich!

Susanne.

Noch da ich in die Schule gieng, hieß er mich seinen kleinen Schatz, und wenn die

die andern Mädchen die Ruthe kriegten, so gab er mir Pfeffernüßchen.

Barthel.

Und wenn ich vor ihrer Mutter Hause vorbey gieng: so guckte sie über der Thüre heraus und sagte: „Barthelchen! nimm dich in Acht, daß Du nicht fällst, es ist sehr schlüpfrig draußen." Einmal da es so regnete und ich meinen Mantel vergessen, gab sie mir ihre blaue Schürze um, daß ich nicht naß wurde und noch jetzt . . .

Susanne.

Und noch jetzt nimmt er den Hut ab, wenn er mich sieht. Noch gestern hat er mir im Hofe helfen Wasser pumpen, und noch heute Morgen hat er mich über die Endtenpfütze im Hofe gehoben.

Barthel.

So? und noch heute Nacht hat sie mich zur Hausthüre herein gelassen.

Susanne.

So? —

Duett.

Susanne.

Barthel, hör', mir fällt was ein!

Barthel.

Ey, das wird was Kluges seyn!

Susanne.

Weißt du nicht, daß Weiberlist
Ueber List der Männer ist?

Barthel.

Ja, sobald nur ihren Mann
Eine Frau betrügen kann.

Susanne.

Was sie ihm zum Schaden thut,
Ist auch ihn zu retten gut.

Barthel.

Ich verschwör' den Branntewein,
Könntest du mich izt befreyn, —

Susanne.

Was thut der Bauer, sag' einmal,
Wenn ihm ein Fuchs die Hühner stahl?

Barthel.

Er kratzt sich hintern Ohren.

Susanne.

Doch Barthel, sprich, wie fängt er's an,
Daß er nicht wieder kommen kann?

Barthel.

Der Tod wird ihm geschworen.

Susanne.

Ja, doch nicht eh, als er ihn hat:
Was faßt er da für einen Rath?

Barthel.

Er sucht den Fuchs zu fangen.

Susanne.

Doch ihn zu fangen muß er ihn
Durch Lockung in das Eisen ziehn?

Barthel.

Ja, die wird ausgehangen.

Susanne.
Nun sieh, du bist der Bauer: Ich
Bin Hühnchen, Ruthe möchte mich!
Barthel.
Dem Fuchs ist nachzustellen!
Susanne.
So werd' ich wohl die Lockung seyn? —
Was thut man: geht der Fuchs nun ein?
Barthel.
Man muß den Gaudieb prellen.
Alle beyde.
Ja, ja, den alten verliebten Gesellen,
Wir müssen ihn fangen, wir müssen ihn
prellen.

Ende des ersten Aufzugs.

Zweyter Aufzug.

Erster Auftritt.
Barthel, Susanne.

Barthel.

Heh Frau, Ruthe kömmt die Treppe herauf. Er will gewiß sehen, ob die gerichtlichen Hundsfütter unser Hophehchen ganz aufgeschrieben haben.

Susanne.

Geschwind verstecke Dich hinter dem Schranke!

Barthel.

Ich mich verstecken? warum?

Susanne.

Warum? Du mußt nicht ein bischen Gritze im Kopfe haben, daß Du das nicht merkst: Weißt Du nicht mehr, was wir mit einander abgeredt haben? — Geschwind hinter! er ist schon an der Thüre.

Barthel.

Aber Frau ...

Susanne.

Je Narr, Du hast ja Augen und Ohren. Hinter sag' ich Dir!

(Er kriecht hinter den Schrank.)

Zweyter Auftritt.

Susanne. Barthel, (versteckt) Ruthe.

Herr Ruthe (kömmt, lehnt sich auf sein Stöckchen, setzt die Brille auf, zieht ein Schreibtäfelchen heraus, und fängt die Möbeln an aufzuschreiben: scheinet sich auch im Anfange weiter um nichts zu bekümmern.

Susanne (stellt sich, als ob sie ihn nicht sähe, und weint.)

Ach! ach! ich arme Frau! —
Ich bin — ich bin ganz blau! —

So hat er mich geschlagen.
Kaum weiß ich, wo ich bin! ---
Und ach! wo ist er hin? ---
Und ach! --- wem soll ichs klagen!

Säh' es Herr Ruthe doch,
Ich weiß, er würde noch
Sich meiner Noth erbarmen:
Ihm sollt' es nicht gereun ---
Doch ach! ich bin allein! ---
Au weh! wer hilft mir Armen!

(Sie setzt sich auf die Bank, lehnt sich mit dem Ellebogen auf dem Tisch, und schielt unter dem Arme weg, ob sie Ruthe hört?)

Ruthe.

Huy! was ist das?

Susanne.

Mir so zu begegnen? Mich braun und zu schlagen? ... Au weh! und mein jen Hausrath soll mir oben drein genommen

nommen werden! —— Und er läuft davon ——

Ruthe.

Ey ey! was hör' ich?

Susanne.

O wüßte das Herr Ruthe, wie würde er mich bedauren!—— Ach! hätte ich dem gefolgt, den genommen? was würde ich für eine glückliche Frau gewesen seyn. Er hätte mich geliebt, ich hätte ihn geliebt! ach! und darnach ——

Ruthe.

Der Henker! sie meint mich!

Susanne.

Hätten wir uns beyde geliebt! Ich weiß gewiß, ich bin eine beßre Frau, als seine zänkische Marie.

Ruthe.

Sie hat Recht, sie hat Recht.

Susan-

Susanne.

Wie wollte ich ihn nicht lieb haben, wenn er dasmal sich bewegen ließ.

Ruthe.

Huy! sie wollte mich lieb haben! — Jungfer Sußchen — ich nenne sie gar zu gerne noch bey ihrem alten Namen.

Susanne (stellt sich, als ob sie noch weinte, und ihn nicht sähe.)

Ahi, ahi, ahi!

Ruthe,

Jungfer Sußchen!

Susanne (fährt zusammen)

Ach! ist er da, Herr Schulmeister? willkommen!

Ruthe.

Was weint Sie denn?

Susanne.

Nein, nein, ich weinte gar nicht: — Ah ah ah!

Ruthe.

Ruthe.
Sie weint ja, daß es einen Stein erbarmen möchte! Was fehlt ihr denn?
Susanne.
Je nu, Ihm kann ich's endlich wohl sagen: braun und blau hat er mich geschlagen. Mein Arm ••• au weh! meine Achsel!
Ruthe.
Der böse Kerl! — Sußchen, Sußchen! Du könntest mir wohl einen Gefallen thun, wenn Du nur wolltest = ••
Susanna (weinend)
Ah, ah, ah!
Ruthe.
Es sollte Dein Schade nicht seyn, und ich wollte Dir wieder einen Gefallen thun?
Barthel (versteckt)
Warte! warte, du alter Spitzbube.
Susanne.
Nu, was denn für einen?
Ruthe.

Ruthe.

Hum! verstehst Du mich nicht?

Susanne.

Ach nein, Herr Schulmeister —— Ah ah ah ah.

Ruthe.

Du sollst mir einen Gefallen thun, ich will Dir wieder einen Gefallen thun.

Susanne.

Ich verstehe immer noch nicht, was er will ... Ah ah ah.

Ruthe.

Ich bin Dir gut, von Herzem gut,
So oft ich Dich nur sehe,
So kochet durch und durch mein Blut,
Mein Herz geht in die Höhe.
Ich will Dirs klagen: doch der Muth
Sinkt mir bis in die Zähe;
O! wärst Du mir nur wieder gut:
So wüßt' ich, was geschähe.

Ich habe Dich lieb: Du sollst mich wieder lieb haben: verstehst Du mich? — Eine Hand wäscht die andre.

Susanne.

Ja wohl Herr Schulmeister — Aber — noch verstehe ich ihn nur halb —

Ruthe.

Sey kein Gäunschen! Du sollst mich bald ganz verstehen: Deine Mobilien ...

Susanne.

Nun, meine Mobilien! ach! die sollen uns ja genommen werden? Ah, ah, ah!

Ruthe.

Wenn ich Dich nun quittirte ——

Barthel.

Hui! bey dem Handel wird mein Kopf ins Spiel kommen.

Susanne.

Je nun — aber Herr Schulmeister ... seh' Er nur meinen Arm: er ist über und über

über voll blauer Flecken; so hat er mich geschlagen! (sie streift den Arm hinauf.)

Ruthe.

Nun! — ich sehe eben nichts: er ist so weiß, wie ein Schwänchen. Bey meiner Ehre ... (er will ihn küssen.)

Spsanne.

Pfui, pfui, Herr Schulmeister! es thut weh.

Ruthe.

Siehst Du mein Kind! so eine kleine Quittung mit meinem Namen unterschrieben ——

Susanne.

Ach! seh er einmal hier den Flecken auf der Hand.

Ruthe (nimmt sie bey der Hand.)

Wahrhaftig! es ist ganz weich! ——

Das liebe Patschchen, weiß wie Schnee
Und wie ein Wachs so weich:

Es drücken, ist ein Königreich,
Es küssen, eine Panacee.

Susanne.

Ah! ah! ah! Er — drücket mich, Herr Schulmeister!

Ruthe.

Höre Sußchen! Wie? wenn ich Dir eine Quittung schrieb? —— (sie sieht ihn ein wenig unbestimmt an, er glaubt sie sey böse) ——— Nu nu, wenn Dir Barthel nichts weiter gethan ••• Doch höre, ich habe vortrefliches Lilienöl, wir wollen die blauen Flecke damit schmieren.

Susanne.

Nein, nein; wenn Barthel darzu käm: so schlüg er mich tod ••• Ach! unsre Möbeln ——

Ruthe.

Sußchen: hast Du nicht ein bischen Tinte? — Papierchen habe ich schon bey mir.

Susan-

Susanne.

Ach mein Arm, mein Arm – – dort oben auf dem Simße wird wohl noch in einem Gläschen welche stehen.

(Der Schulmeister suchet sie, setzet sich hin und schreibt auf dem Knie eine Quittung.)

Barthel (hinter dem Schranke.)

Laß ihn schreiben, laß ihn schreiben; ich will ihm schon den Kützel vertreiben.

Susanne (winkt ihm, daß er schweigt.)

Es hat mir geglückt,
Der alte Narr, er ist berückt:
Er hat noch nichts, und zahlet zuvor,
Der Thor der Thor!
Er soll auch nichts kriegen,
Er will mich betrügen:
Doch ich betrüg' ihn zuvor,
Der alte Thor!

Ruthe, (der mit der Quittung fertig ist.)

Nun Sußchen, hast Du mich noch ein bischen lieb?

Susanne.

Wie könnte ich mich das unterstehen, Herr Ruthe? da ich eine arme Schuldnerinn von Ihnen bin!

Ruthe.

Haha, Du sollst es bald noch mehr werden, ich hoffe aber, daß Du mich bezahlen wirst?

Barthel (versteckt.)

Hm! gewiß von meinen Ersparnissen?

Susanne.

Ach! wenn Er mich lieb hätte, warum hätte er denn unsere Möbeln aufzeichnen lassen?

Ruthe.

Närrchen! ich hätte es nicht so weit kommen lassen, daß sie Dir wären genommen wor-

worden. Meine Absicht war bleß, daß Dein Mann sollte ein vier Wochen lang in Schuldthurm gesteckt werden: mittlerweile hätte ich oft Gelegenheit gehabt, Dich zu besuchen, und über seinen Verlust zu trösten. Meine Frau zwar wollte, daß Du solltest eingesteckt werden: aber fürs erste gieng das nicht, fürs zweyte drang ich mit meiner Autorität durch. Ja, ich war so toll auf sie, daß ich an meinen Schulkindern ein halb Dutzend Ruthen zerpeischte. — (diese ganze Zeit über bezeiget sich Barthel sehr ungeberdig und trotzt dem Schulmeister unaufhörlich.) Nun sieh einmal her, Sußchen! — Du kannst ja lesen. „Ich Endes Unterschriebener, bekenne, „daß mir Frau Barthelinn die Schuld ihres „Mannes richtig bezahlet hat„ et caetera et caetera Nimm — Nimm hin!

Susanne.

Nein, nein, Herr Schulmeister! ich will bezahlen! ——

Barthel.

Greif zu! greif zu!

Ruthe.

Keine Umstände! Du sollst mich mit Mäulchen bezahlen: das ist eine Münze, die bey mir mehr gilt ...

Susanne (stellt sich, als ob sie weinte.)

Aber —— wenn —— nun Seine Frau — oder mein Mann —— darzu käm —— Die Thüre —— steht offen ... doch warte Er nur —— ich will —— die Thüre —— verschließen ——

Ruthe.

(während dieser Arie legt Ruthe seinen Hut und Stock mit vieler Zerstreuung ab.)

Was für ein schlauer Mann bin ich!
Das kleine Sußchen liebet mich.

Was ich gewünscht wird mir gewährt:
Ich bin erhört, ich bin erhört!
Zwar achtzehn Gulden sind schon viel,
Doch Sußchen ist kein Kinderspiel,
Und achtzehn Gulden werth.

(Indem er das singt, kömmt Susanne zurücke und findet ihren Mann, der Ruthen prügeln will: sie stößt ihn zurücke, sagt ihm etwas ins Ohr, er schleicht zur Thüre hinaus, und trampelt vor der Thüre mit Geräusche herum, als ob er die Treppe herauf käme. Sie fängt an zu schreyen.)

Susanne.

O Himmel! mein Mann, mein Mann! den Augenblick wird er da seyn. Er ist aufs benachbarte Dorf gegangen, um zu sehen, ob er Geld auftreiben kann, und schon — schon ist er wieder da! Ach Herr Ruthe, ums Himmels willen! geschwind, geschwind in Schrank! — Wo er mich bey Ihm alleine findet,

det, so ists um sein und mein Leben geschehen: denn gleich fährt er einem mit seinen verwünschten Messern nach der Kehle.

Ruthe.

Aber, aber —— der Henker! wenn er ...

Susanne.

Geschwind, geschwind! Er ist schon auf der Treppe.

Barthel (klopft an die Thüre.)

Ruthe (voller Bestürzung läuft herum und suchet seinen Hut und Stock.)

Au weh! mein Hut —— mein Stock ...

Susanne (sperrt ihn in den Schrank und zieht den Vorhang vor das Gitter.)

Nu, mäuschenstille!

Dritter Auftritt.
Barthel, Susanne, Ruthe
(im Schranke.)

Barthel.

Blitz und Hagel! —— Warum läßt Du mich so lange warten? —— Warum ist die Thüre verschlossen?

Susanne (in einem weinerlichen Tone.)

Ich fürchtete mich vor den Gerichten und dachte, der Schulze käme wieder und wollte wieder aufschreiben: da sperrte ich mich ein ——

Barthel.

Und warum sperrtest Du Dich ein?

Susanne.

Weil ich nicht glaubte, daß Du so bald wieder kommen möchtest.

Barthel.

Und weil Du nicht glaubtest, daß ich so bald nicht wieder kommen möchte, so sperrtest Du Dich mit einem guten Freunde ein? — Nicht wahr? heh? —

(zu ihr auf die Seite)

Geh und siehe, daß Du des Schulmeisters Frau her schafft; sprich nur: ich wollte sie bezahlen.

(sie geht ab: er stellt sich aber beständig als ob er mit der Frau redte.)

Ja, daß sich nicht die Frau verschließt,
Wenn nicht der Mann zu Hauße ist,
Um Mutterseel' allein
Verschlossen zu seyn:

Doch daß sie sich alsdann verschließt,
Sobald der Nachbar bey ihr ist,
Sich ungestört mit ihm zu freun:
Das möchte seyn!

Vierter

Vierter Auftritt.

Barthel, Ruthe (im Schrank.)

Barthel.

Nicht wahr? — (er antwortet sich selbst mit einer klaren Stimme) Nein, nein, gewiß nicht, lieber Mann. — (grob) Auf eine Lüge gehört sich eine Maulschelle -- (er klatscht sich in die Hand. Klar weinend) hi hi hi hi. (grob) Ha! steckt er etwan unterm Bette? — (klar) hi hi hi hi — (grob) Wo ich ihn finde, so schneide ich ihm gleich die Kehle ab. — (klar) hi hi hi. — (grob) Nichts, nichts, keinen Pardon! Ist er nicht da? Ist er nicht dort? — (klar) hi hi hi. — (grob) Ha! unfehlbar steckt er hier im Schranke — (klar) hi hi hi hi — (grob) Den Schlüssel her! — den Schlüssel her, sage ich. — (klar) Ich habe ihn nicht. — (grob) Du hast ihn nicht? Ich will mir schon helfen: Wart'! ich will's Beil holen und den Vogel mit
sammt

sammt dem Bauer zerhacken ⋯ Bleib! wo du mir von der Stelle gehst ⋯ = (Barthel thut als ob er hinaus gienge: kömmt aber gleich wieder, klopft an Schrank, und nimmt den Ton seiner Frau an.) Herr Ruthe! —— Ach! Herr Ruthe! —— Wie wird's uns gehn! itzt wird er mit dem Beile kommen!

Ruthe.

Ach! liebes Sußchen, laß mich heraus! laß mich heraus!

Barthel (klar.)

Ich weiß nicht, wo ich vor Angst den Schlüssel hingeworfen habe. Es ist da weiter nichts übrig, als — als ⋯

Ruthe.

Als was? geschwind!

Barthel (klar.)

Als daß er sich in Gedult faßt, und seine Seele ⋯

Ruthe (klar.)

O der verwünschte Schrank! O wäre ich doch ⋯

Bar-

Barthel (klar.)

Stille! da kömmt er. In einer Hand das Beil und in der andern das Scheermesser . . .

Fünfter Auftritt.

Barthel, Susanne, Ruthe
(in dem Schranke.)

Susanne (zu ihrem Manne ins Ohr.)

Sie kömmt.

Barthel.

Ah! du willst den Schlüssel zum Schranke nicht hergeben? — Nu so muß er aufgebrochen werden.

Susanne.

Ach lieber Barthel! ich will Dir nur die Wahrheit gestehen.

Barthel.

Nu, so rede: aber die Wahrheit?

Susanne.

Ja gewiß die Wahrheit.

Barthel.

Nu, wie klingt ſie denn?

Suſanne.

Je, da kam ——

Barthel.

Wer kam?

Suſanne.

Herr Ruthe ——

Barthel.

Herr Ruthe? Nu, und darnach?

Suſanne.

Je nu, der ehrliche Mann unſer Wirth, der uns zum Hauße hinaus werfen will, kam und ſah —— mich weinen.

Barthel.

Nun, und darnach?

Suſanne.

Nun darnach —— redt er mit mir —— ja und ſagte —— und ſagte, er wollte die ganze Sache mit mir ausmachen. Die Weiber —— ja die Weiber wären weit ſanftmüthiger ⹀ ⹀

Bar-

Barthel.

Nun, und darnach...

Susanne.

Nun und darnach — bezahlt' ich ihn.

Barthel.

Bezahlt? und wovon bezahlt?

Susanne.

Mit — mit — mit — guten Worten.

Barthel.

Und er nahms Gepräge an?

Susanne.

Ja, da ist die Quittung.

Barthel.

Es mag seyn! und der Spitzbube, der hier in Schranke steckt?

Susanne.

Ich habe ihn nicht nein gesperrt.

Barthel.

Also ist doch einer drinnen?

Susanne.

Ja, ich wußte, daß Du ihn verkaufen wolltest.

Barthel.

Nun und darnach?

Susanne.

Nun und darnach — schlug ich ihm dem Herrn Ruthe zum Verkaufe vor. Er kroch hinein, um zu sehen, ob er gut schlöffe.

Barthel.

Ist das wahr?

Susanne.

Ja, lieber Barthel, frage ihn nur selber.

Ruthe (im Schranke, der den Vorhang zurücke zieht.)

Ach ja, lieber Herr Barthel, die pure lautere Wahrheit.

Barthel.

Nu, der puren lautern Wahrheit wegen muß ich Dir wohl vergeben. — Nicht wahr Herr Ruthe, der Schrank schließt vortreflich?

Ruthe.

So vortreflich — so vortreflich ...

Barthel.

Nu, so kann er immer wieder heraus gehen.

Ruthe.

Ja, der Schlüssel ——

Barthel.

Der Schlüssel —— wo ist er denn?

Ruthe.

Frau Barthelinn! ——

Barthel.

Heh, wo hast Du ihn?

Susanne.

Ich weiß nicht —— ich weiß nicht ——
(sie suchet.)

Barthel.

Ha, Du weißt nicht? Warte, warte! Ich will dir ihn suchen helfen. Das habe ich wohl gedacht, daß eine Spitzbüberey darunter stäcke ... (heimlich zu ihr) Die Frau kömmt: zieh aus! — (laut) Nase und Ohren will ich Dir abschneiden —

Susanne (läuft mit Geschreye davon.)

Ah! Ah! Ah! zu Hülfe! —

Sechster Auftritt.
Barthel, Herr Ruthe, Marie.
Ruthe.

Ach! mein lieber Herr Barthel! Laß er sich nur erzählen = = = Himmel meine Frau! (er versteckt sich und zieht das Vorhängelchen zu.)

Marie.

Nu, Herr Barthel, seine Frau ist bey mir gewesen —

Barthel.

Meine Frau? das Wetterweib! —— Ah! die bringt mich noch ums Leben.

Marie.

Je, wie denn das? sie war alleweile bey mir, und sagte, Er wollte bezahlen.

Barthel.

Freylich wohl. Aber ach, Frau Rusthinn! Ich habe mich lange einmal gesehnt, mit Ihr alleine zu reden. Wer ist denn an unsrer lüderlichen Wirthschaft Schuld, als meine Frau? Wer ist Schuld, daß es einem so schwer wird zu bezahlen?

Marie.

Ja, die Schenke, Herr Barthel ——

Barthel.

Ich mag nicht sagen, wo mich der Schuh drückt. Hier hat sie die Quittung. Ihr Mann ist bezahlt.

Marie.

Bezahlt? hätte ich doch nicht geglaubt, daß er so geschwind so viel Geld aufbringen könnte.

Barthel.

Ja; wenn das böse Weib nicht thäte — Schätze wollte ich sammeln.

Marie.

Nu, in der Schenke sammelt man eben nicht viel Schätze.

Barthel.

Freylich nicht. Aber glaubt Sie denn, daß ich jemals in die Schenke einen Fuß setzen würde, wenn mir's zu Hause besser gienge?

Marie.

Je wie denn so, mein armer Herr Barthel?

Barthel.

Mein armer Barthel, ha ha ha! — Schon so ein gutes Wort kützelt einen durch und

und durch). Seit Jahr und Tag habe ich
kein solches bekommen. Darnach sucht man
sich freylich außer dem Haße einen Trost,
und wenn's im Brannteweinglase seyn
sollte.

Marie.

Aber ich dächte, seine Frau • • •

Barthel.

Ja doch, meine Frau • • •

Erst dacht' ich: ach! ein junges Weib
Ist doch der Himmel auf der Erden,
Da findst du Pflege für den Leib
Und Trost in allen Beschwerden.
Sie würzet die Speise, versüßet den Trank,
Sorgt, wenn du gesund bist, und wartet
dich krank:
Des Abends wärmt sie dir das Bette:
O wer doch bald ein Weibchen hätte!

Ich kriegte sie, acht Tage hieng
Der Himmel auch voll lauter Geigen:
Stets fand ich, wenn ich kam und gieng,
An ihr ein freundlich Bezeigen.

Da hieß ich mein Engel, mein Täubchen,
  mein Herz.
Und unter der Liebe behåglichem Scherz
Erwacht' ich, legt' ich mich zu Bette:
O daß es lang gewåhret hätte!

Acht Tage waren kaum entflohn,
So änderte sich die Geschichte:
Ich lachte und sie machte schon
Dazu ein scheeles Gesichte.
Itzt will ich sie herzen, es folget ein Zwick,
Itzt will ich sie kützeln, sie stößt mich zurück,
Sie brummt am Tisch, und schnarcht im
  Bette:
O daß ich nie gefreyet hätte!

Marie:

Armer Herr Barthel! O! daß doch alle Männer so leutseelig wie er wären! Meiner mag mich weder herzen noch kützeln, wenn er gleich weder Zwick noch Rippenstoß zu besorgen hat. Alles bey mir umgekehrt!

Bar-

Barthel.

Pfui; geh Sie doch Frau Ruthinn, so eine hübsche artige junge Frau! er wird doch nicht...

Marie.

Nicht anders was ich sage:
Mit seinem schwarzen Kopf
Ist er des Eh'stands Plage,
Ein armer kranker Tropf.
Ich nenn' ihn Täubchen, Schäzchen,
Er hat ein taubes Ohr:
Und geb ich ihm ein Schmäzchen,
So hustet er mir vor.

Wenn sich am frühen Morgen
Dem Schlaf mein Aug' entzieht:
So heult er ohne Sorgen
Ein ängstlich Morgenlied.
Sprech' ich um ein'ge Küsse
Zur guten Nacht ihn an,
So schreyt er über Flüsse,
Wenn er nicht schnarchen kann.

Barthel.

Pfui über den häslichen Mann! O wenn ich ein so liebes Weib hätte, wie wollte ich sie nicht lieb haben!

Marie.

Je nu, meine einzige Hoffnung ist, er soll sich bald abführen.

Barthel.

So? ich dächte aber, er sähe ganz munter.

Marie.

Was munter: es liegt ihm beständig auf der Brust: und da denk' ich: es soll einmal ein Steckfluß so gut seyn ...

Barthel.

Das wäre unvergleichlich.

Marie.

Was wirds ihm denn helfen, Herr Barthel?

Barthel.

Was? was? Wir würden gewiß noch ein Paar.   Marie.

Marie.

Geh' er doch! Wo wollte er denn mit seiner Frau hin?

Barthel.

O die müßte mir den Gefallen thun, und auch sterben: und sie thät's, ich weiß es gewiß. Sie ist so ärgerlich — ich dürfte nur alle Tage einmal mehr in die Schenke laufen; in acht Tagen hätte sie die gelbe Sucht, in vierzehn Tagen die schwarze und in drey Wochen wäre sie todt.

Marie.

Ach! wenn das wäre! — Ich wollte ihm selber Geld darzu geben: denn ich muß es ihm nur gestehen: ich bin ihm allezeit gut gewesen — und bin's noch. Ja, mein liebes Barthelchen ...

Barthel.

Ah, ich höre meine Frau! Sie kratzt mir die Augen aus, wenn sie mich so lange bey ihr alleine findet. Ich bitte Sie um alles in der Welt willen, krieche Sie nur derweile hier in den Schrank: ich will sie gleich wieder fortschicken: darnach sind wir hübsch ganz alleine ...

Marie.

Das kann ich ihm wohl zu Gefallen thun. Aber er muß sie hübsch weit schicken, damit wir recht lange alleine sind ——

(er macht die andere Hälfte von der Thüre auf: sie springt hinein, und er schlägt geschwinde hinter ihr zu.)

Siebenter Auftritt.
Die Vorigen, Susanne, Märten.

Susanne.

Da schickt Velten her und läßt Dir sagen, Du hätt'st der gestrigen Gesellschafft versprochen, daß Du sie heute in der Schenke traktiren wolltest, und weil Du nicht hinkämst, so wollten sie herkommen und das Unterste zu Oberst kehren.

Mär-

Märten.

Ja, sie sind schon unterwegens und die Musikanten auch mit.

Barthel.

Ich wollte, daß sie ... aber stille, Frau! laß sie kommen —— (zu Märten) Sagt nur: sie sollten mir lieb seyn. (laut nach dem Schranke) Ich will der Kompagnie eine Rarität zeigen, die ich gefangen habe. Ein Paar Turteltäubchen in einem Kefig ...

(Märten geht ab.)

Ruthe (zieht den Vorhang weg.)

Ach Herr Barthel! ich bin schon halb des Todes über meine gottlose Frau ...

Marie (zieht auch den Vorhang weg.)

Wie Schelm? —— Was machst denn Du hier?

Ruthe.

Thue Er mir nicht noch die Schande an, mich dem Gelächter des ganzen Dorfes auszusetzen. Ich kriege keinen Jungen mehr in

die

die Schule und er bringt mich um meine ganze Nahrung. — Liebe Frau Barthelinn, lege Sie doch ein gutes Wort ein ...

Marie.

Ein gutes Wort, Du Dieb? Also ists die liebe Frau Barthelinn ...

Ruthe.

O Du Höllenriegel! Ist das der Dank, daß ich ...

Marie.

Daß Du zur Frau Barthelinn läufst und ...

Ruthe.

Und Du den ehrlichen Barthel verführen und seiner Frau untreu machen, und deinen Mann ums Leben bringen willst? Eine solche Gottlosigkeit ...

Marie.

Ja, ich habe lange gemerkt, daß Du mit dem lüderlichen Gesindel unter einer Decke steckst.

Eine komische Oper.

Susanne.

Nu, ich höre schon den Schwarm unserer Gäste von weitem. Sie kommen ...

Ruthe (fällt in dem Schranke auf die Knie.)

Herr Barthel, um alles in der Welt willen ...

Quatro.

Ruthe. Herr Barthel! ach erbarm' er sich,
Laß er mich los! --- Nur mich!
nur mich!
Mein Weib kann stecken bleiben!

Marie. Herr Barthel! ach erbarm' er sich,
Laß er mich los! --- Nur mich! nur
mich!
Mein Mann kann stecken bleiben.

Barth. Und wer erbarmte heute sich
Bey meinem Hausinns über mich,
Und wollte mich vertreiben?

Ruthe. Sie weiß es; gab ich nicht gleich
nach?

Marie.

Marie. Er weiß es, was ich ihm versprach.

Barth. Er gab, mit Hörnern mich zu zieren.

Susane. Sie, meinen Barthel zu verführen.

Ruthe. Das böse Weib! Mar. Der böse Mann!

Barth. Daß er mich nicht mehr krönen kann ---

Susane. Daß sie dich nicht verführen kann ---

Barth. So soll er stecken bleiben! ---
Susane. So soll sie stecken bleiben! ---

Ruthe.

Ach Herr Barthel! sieht er, alles, alles will ich ihm geben, wenn er mich los läßt.

Marie.

Marie.

Ach Herr Barthel! Und ich — fodre er, was sich nur denken läßt, er soll es haben!

Barthel.

Nu, wißt Ihr was? Wollt Ihr heute für meine Gäste die Zeche bezahlen?

Ruthe.

Ey, ey, ey! Herr Barthel ... Frau Barthelinn, sie weiß ja ...

Marie.

Was weiß Frau Barthelinn? —— Ha, ich komme hinter schöne Sachen.

Ruthe.

Ja, daß Du mich zu Tode ärgern willst, und Herr Barthel soll seine Frau zu Tode ärgern?

Bar-

Barthel.

Nu, meine Gäste kommen, Herr Ruthe.

Ruthe.

Je nu, Herr Barthel, ich will die Hälfte geben, wenn ich nur heraus komme.

Marie.

So, Du Spitzbube? und ich soll stecken bleiben? —— Mache er auf, Herr Barthel, und wenn ich meinen Rock versetzen sollte — Ich will die andere Hälfte geben: mein Mann kann mich doch nicht zum Spektakel gehen lassen.

Barthel.

Nu, die Hand drauf! (Ruthe reckt sie heraus mit einem tiefen Seufzer) Frau Barthelinn auch Sie? (sie giebt die Hand.)

Marie.

Ich wollte, daß euch Pack der Henker mit sammt dem Manne holen müßte.

Barthel.

Geduld! Itzt ists noch Zeit, daß Sie hier residiren kann.

Ruthe.

Ach Herr Barthel! sie kommen die Treppe herauf. Ich will gerne für meine Frau mit stehen. Mache Er nur auf!

Susanne.

Ja, sie kommen —

Barthel (er macht auf und sie gehn heraus.)

Nu: dasmal! aber . . .

Marie.

Ihr infames Gesindel, nun will ich erst . . .

Barthel.

Sage Sie ein Wort! und die Gesellschaft soll die ganze Historie hören. — Herr Ruthe, Er ist noch ein vernünftiger Mann: thue Er uns die Ehre an und schmauße Er mit

mit. Wenn Er nun in seinem Leben hätte ein dutzendmal Kindtaufen geben müssen.

Ruthe, (die Achsel zuckend und immer den Kopf schüttelnd.)

Wenn ich einmal bezahlen muß ——

Marie.

Ich wollte, daß ihr alle Gift saufen müßtet! (sie will zur Thüre hinaus, die Gäste begegnen ihr in der Thüre.)

Achter Auftritt.

Die Vorigen, Velten, Rabe, Jäckel, Gretchen, Windhund, Nadel, Nadelinn, Sporn, andere Bauern und Bäuerinnen, Märten (mit ein Paar Schleifkannen.)

Windhund (vertritt Marien den Weg.)

Wo zu, Frau Ruthinn?

Marie.

Laß Er mich fort!

Wind-

Windhund.

So wahr ich Windhund heiße: Sie muß heute hier bleiben, oder mit uns in die Schenke gehen, und mit gehetzt werden oder hetzen helfen.

Sporn.

Ja, der Teufel hol', Sie muß: ich lasse Sie nicht vom Flecke.

Velten.

Nu, Barthel? Ich dachte, Du würdest gar nicht kommen ...

Barthel.

Ich mußte erstlich den Herr Schulmeister ein bischen balbieren.

Frau Madelinn.

Läßt Er sich denn alle Tage balbieren? Er war ja gestern so hübsch glattbärtig.

Ruthe (voller Verdruß.)

Je, ich habe ein bischen einen starken Bart, und nach einer Hochzeit ...

Barthel.

Ja, da wächſt er immer ſtärker, und er will ſo gut ſeyn und heute ein bischen mit den Wirth machen helfen.

Rabe.

Alſo bleiben wir hier?

Barthel.

Freylich wohl: da ihr einmal hier ſeyd ··· Nu, Frau Ruthe, ſie hilft mir die gute Wirthinn machen.

Suſanne.

O gewiß, wir ſind ſo gute Freunde und Hausgenoſſen. Nicht wahr, Frau Ruthinn?

Sporn.

Der Teufel hol', ſie muß.

Windhund.

Ja ja, ſie muß mit hetzen.

Barthel.

Keine Poſſen! Frau Ruthinn, gebe Sie mir die Hand. Sie muß. Sieht Sie ——

Ruthe.

Ruthe.

Nu Frau, sey klug. Man muß sich in die Zeit schicken. Es kostet einmal Herr Bartheln das Geld; je, so wollen wir uns auch dafür lustig machen.

Susanne.

Ja wir gebens gerne.

Rabe.

O! der Herr Barthel ist ein so freygebiger Mann; und da wir solche hübsche Weiberchen beysammen haben . . . (die junge Frau lacht.)

Windhund.

Ja und hier eine brühwarme.

Barthel.

Je, wie sieht Sie denn aus, Gretchen?

Gretchen.

Hi hi hi hi! —

Sporn.

Narr, wie eine junge Frau.

Gretchen.

Hi hi hi hi — —

Nadel.

Nicht wahr, eine Frau ist besser, als eine Jungfer?

Gretchen.

Hi hi hi hi ——

Velten.

Möchte Sie wohl wieder Jungfer werden, heh?

Gretchen.

Hi hi hi hi ——

Jäckel.

Laßt das arme Ding gehn: sie lachet sich sonst noch zu Tode.

Barthel.

Nu nu, lache immer Gretchen, daß Du einmal abrechnen kannst, wenn Du weinen mußt. Es ist im Ehestande nicht anders. Es giebt da immer ein bißchen Aprilwetter: man muß nur einander gut seyn. Meine Frau ist manchmal böse auf mich: Wir zanken uns. Darnach gehts wieder eine Weile flink.

(zu

(zu Jäckeln.)

Jäckel, liebe deine Frau!
Nimm nicht alles zu genau!
Wenn sich Mann und Frau verstehn,
So pflegt alles gut zu gehn.

Susanne (zu Gretchen.)

Buhlt um dich ein alter Thor
Und hält eine Quittung vor,
Nimm die Quittung, doch dabey
Bleibe deinem Manne treu.

Ruthe (zu Jäckeln.)

In dem Ehstand geht es so.
Selten, Jäckel, wird man froh.
Willst du in dem Hauße Ruh,
Jäckel, drück' ein Auge zu.

Marie (zu Gretchen.)

Sie ist jung und jung ihr Mann,
O da geht noch alles an:
Aber ist sie jung, er alt,
Da stirbt Lust und Liebe bald.

Jäckel und Gretchen.

Sey ruhig { mein Jäckel / mein Gretchen } vor allen

Haſt du mir im Dorfe gefallen.

Du biſt und bleibeſt mein { Jäckel / Gretchen } allein.

Alle.

Ja ja: es wird nicht immer ſo ſeyn!

Jäckel und Gretchen.

Nein, nein, es wird auch immer ſo ſeyn.

Alle. Ja ja. **Jäckel und Gretchen.** Nein, nein.

Alle. Ja ja. —— **Jäckel und Gretchen.** Nein, nein,

Es wird auch immer ſo ſeyn.

Alle. Es wird nicht immer ſo ſeyn.

Ende des Stücks.

Theatralische Stücke des Herrn C. F. Weiße, so in der Dyckischen Buchhandlung zu haben.

Beytrag zum deutschen Theater. Erster Theil, dritte verbesserte Auflage. 8.   18 gr.

   Enthält folgende Stücke, die auch einzeln zu haben:

Eduard der Dritte, ein Trauerspiel in fünf Aufzügen, 8.   6 gr.

Richard der Dritte, ein Trauerspiel in fünf Aufzügen, 8.   6 gr.

Die Poeten nach der Mode, ein Lustspiel in drey Aufzügen, 8.   6 gr.

Die unerwartete Zusammenkunft, oder der Naturaliensammler, ein Lustspiel in einem Aufzuge, 8.   3 gr.

Beytrag zum deutschen Theater. Zweyter Th. zweyte verbesserte Auflage. 8.   16 gr.

   Enthält:

Mustapha und Zeangir, ein Trauerspiel in fünf Aufzügen, 8.   4 gr.

Rosemunde, ein Trauerspiel in fünf Aufzügen, 8.   3 gr.

Die

Die Haushälterinn, ein Lustspiel in fünf Aufzügen, 8. 6 gr.

Die Matrone von Ephesus, ein Lustspiel in einem Aufzuge, 8. 2 gr.

Beytrag zum deutschen Theater. Dritter Theil, zwote verbesserte Auflage. 8. 18 gr.

Enthält:

Krispus, ein Trauerspiel in fünf Aufzügen, 8. 6 gr.

Die Befreyung von Theben, ein Trauerspiel in fünf Aufzügen, 8. 6 gr.

Der Mißtrauische gegen sich selbst, ein Lustspiel in drey Aufzügen, 8. 6 gr.

Großmuth für Großmuth, ein Lustspiel in einem Aufzuge, 8. 3 gr.

Beytrag zum deutschen Theater. Vierter Theil, zwote verbesserte Auflage. 8. 20 gr.

Enthält:

Atreus und Thyest, ein Trauerspiel in fünf Aufzügen, 8. 5 gr.

Amalia, ein rührendes Lustspiel in fünf Aufzügen, 8. 6 gr.

Der Projektmacher, ein Lustspiel in fünf Aufzügen, 8. 6 gr.

Das Weibergeklatsche, oder ein Qui pro Quo, ein Lustspiel in einem Aufzuge, 8. 2 gr.

Beytrag zum deutschen Theater. Fünfter Th. zweyte verbesserte Auflage. 8. 20 gr.

Enthält:

Romeo und Julie, ein bürgerliches Trauerspiel in fünf Aufzügen, 8. 8 gr.

Die Freundschaft auf der Probe, ein rührendes Lustspiel in fünf Aufzügen, 8. 6 gr.

List über List, ein Lustspiel in fünf Aufzügen, 8. 8 gr.

Komische Opern. Erster Band. Zweyte verbesserte Auflage. 14 gr.

Enthält:

Lottchen am Hofe, eine komische Oper in drey Aufzügen, 8. 7 gr.

Die Liebe auf dem Lande, eine komische Oper in drey Aufzügen, 8. 7 gr.

Komische Opern. Zweyter Band. Zweyte vermehrte Auflage. 18 gr.

Enthält:

Die verwandelten Weiber, oder der Teufel ist los. Eine komische Oper in drey Aufzügen, 8. 7 gr.

Der lustige Schuster, oder der zweyte Theil vom Teufel ist los. Eine komische Oper in drey Aufzügen, 8. 7 gr.

Der Dorfbalbier, eine komische Oper in zwey Aufzügen, 8.   4 gr.

Komische Opern. Dritter Band. Zweyte verbesserte Auflage.   18 gr.

  Enthält:

Die Jagd, eine komische Oper in drey Aufzügen, 8.   9 gr.

Der Aerndtekranz, eine komische Oper in drey Aufzügen, 8.   8 gr.

Walder, ein Lustspiel in einem Aufzuge. Nach der komischen Oper: Silvain vom Herrn Marmontel, 8.   2 gr.